CHARLEMAGNE

ET

LOUIS-PHILIPPE,

PAR M. FRÉDÉRIC DOLLÉ,

*Auteur de l'Histoire des six Restaurations Françaises
et d'Une Promenade en Suisse.*

PARIS,

Chez
{ JUST TESSIER, quai des Augustins, 37;
DENTU, au Palais-Royal, galerie d'Orléans;
SAPIA, rue de Sèvres, 16;

Et aux bureaux de la GAZETTE DE FRANCE.

1838

LETTRES HISTORIQUES.

IMPRIMERIE DE GUIRAUDET ET CH. JOUAUST,
RUE SAINT-HONORÉ, 315.

CHARLEMAGNE

ET

LOUIS–PHILIPPE.

Que les hommes pervers qui cherchent à éloigner
les rois du souvenir des assemblées nationales, en
leur en exagérant les dangers, lisent donc la vie de
Charlemagne! Qu'ils y apprennent qu'il ne se passa
pas d'année qu'il n'assemblât la nation , et qu'ils
sachent que cette nation n'était pas circonscrite dans
les limites de la France, mais qu'il régnait sur l'Allemagne et l'Italie! Qu'ils y apprennent que ce héros
gagna plus de batailles qu'ils n'ont commis de crimes,
et qu'ils n'ont ourdi d'infâmes et odieuses intrigues;
et que cette même main qui présentait la loi au peuple et se soumettait à sa voix était la même que les
ennemis ne pouvaient fixer sans effroi, et qui sem-
blait avoir enchaîné la Victoire!

Comte D'ENTRAIGUES.

Louis-Philippe a adressé les paroles suivantes à plusieurs élèves des colléges de
Paris, qui, le 16 août dernier, sont allés à

1

Versailles pour visiter le palais de Louis XIV :

« Jeunes Elèves,

» J'ai voulu vous introduire moi-même
» dans ces belles galeries... J'ai voulu que
» vous jouissiez de ce grand présent que
» j'ai fait à notre nation, et que vous profi-
» tiez de ces beaux exemples de notre his-
» toire, de tous ces *glorieux souvenirs de*
» *l'ancienne monarchie française*, qui valent
» bien ces républiques d'Athènes et de Ro-
» me dont on vous occupe peut-être un peu
» trop... Oui, jeunes élèves, c'est en appre-
» nant bien à quel point *notre nation a été*
» *grande à toutes les époques de son histoire ;*
» c'est en étudiant profondément *les causes*
» *de sa grandeur et de sa prospérité*, que
» vous saurez vous préserver de toutes ces
» théories, de toutes ces utopies funestes,
» dont vos vertueuses inclinations, vos sen-
» timents patriotiques, parviendront à vous
» garantir. »

Je ne veux pas examiner l'intention qui a dicté ce discours; je ne veux pas savoir s'il a été fait avec l'espérance peu modeste d'imiter Louis XIV dans son amour pour les arts, ou bien pour éloigner de l'esprit des collégiens, qui deviendront hommes, l'exemple de cette république romaine dont un des sujets poignarda César parce qu'il avait usurpé le pouvoir suprême : d'abord ce serait m'écarter de mon sujet, ensuite les paroles de Louis-Philippe, dans cette occasion, me semblent nobles et toutes françaises.

Non, la France n'a jamais eu rien à envier à aucune nation de la terre ni en liberté, ni en gloire, ni en puissance, et l'histoire de la société française est tout aussi riche d'hommes illustres et d'événements glorieux que l'histoire de Rome.

Si Rome avait à la tête de ses armées Antoine, Pompée, César et Auguste : Clovis, saint Louis, Philippe-Auguste, François Ier, Henri IV et Louis XV, commandaient en

personne à Tolbiac, à Taillebourg, à Bouvines (1), à Marignan, à Ivry et à Fontenoy !

Si Rome a eu des généraux tels que Ca-
ton, Brutus et Scipion, la France a eu des
Charles-Martel, des Roland, des Dugues-

(1) M. Louis Paris a publié récemment un livre très
utile sous le titre de *Chronique de Rains.* L'auteur de la
Chronique de Rains écrivait vers le commencement du 13e
siècle, c'est-à-dire au moment même de la célébre bataille
de Bouvines, qui se donna le 27 juillet 1214. Presque tous
les historiens ont raconté comme vrai le dévoûment de
Philippe-Auguste, qui, au moment de livrer un combat
dont dépendait peut-être le sort de la France, puisque la
presque-totalité de l'Europe était coalisée contre elle, offrit sa
couronne à celui de ses barons qui se croirait plus digne que
lui de la défendre et de sauver l'état. M. Augustin Thierry,
par esprit de parti sans doute, a voulu déshériter notre
histoire nationale de cette belle page, et, sans aucune
preuve rationnelle, il dit « qu'il est extravagant de croire
» qu'une pareille scène ait jamais été jouée ailleurs qu'au
» théâtre. » Un moine des Vosges, qui écrivait au 13e siècle,
a certifié la véracité de ce fait ; mais M. Augustin Thierry
nie cette autorité, « comme n'ayant pu être en communica-
» tion directe ou indirecte avec les grands personnages du
» temps. » Grâce à la précieuse découverte de M. Louis Paris, nous possédons maintenant une preuve que sans doute
M. Augustin Thierry ne récusera pas. Le chroniqueur de

clin , des Montmorency , des Bayard et des Napoléon !

Si Rome a promené ses aigles victorieuses d'un bout du monde à l'autre, la France a conquis l'Italie, l'Egypte et l'Allemagne ; ses vaisseaux ont plusieurs fois brûlé le nid de pirates établi dans l'Algérie , et ils ont porté la liberté et l'indépendance à Saint–

Rains a été en communication *directe* avec le comte de Saint-Pol, « qui fist merveilles d'armes à Bovines, et fist » tant qu'il prist par vive force le comte de Boulongne. » Eh bien ! le comte de Saint-Pol et le chroniqueur racontent tout naïvement le fait historique nié par M. Thierry. Voici les paroles que ce dernier met dans la bouche de Philippe-Auguste ; il les a ouïes du comte de Saint-Pol, qui était alors à côté du roi, et qui venait de rompre le pain avec lui : « Signeur, vous iestes tout mi home, et je » suis vostres sires, quels que je soie, et vous ai moult amés, » et portés grand honneur, et douné dou mien largement et » ne vous fis onkes tort ne desraison , ains vous ai toujours » menés par droit. Pou çou , si prie à vous tous que vous » gardés wi mon cors et m'onneur et la voste. Et se vées que » la corone soit mius emploié en l'un de vous qu'en moi, je » mi otroi volentiers et le voel de boin cuer et de boine » volenté. »

Domingue et à l'Amérique ; les armées de la France ont vaincu ou pacifié la Grèce, l'Espagne, la Belgique, la Hollande et la Suisse !

Si Rome a vécu sous les règnes de Marc-Aurèle et de Trajan, la France a eu Charles le Sage, Louis le Père du Peuple, et Louis le Martyr, pour législateurs et pour rois !

Si Rome honorait les lettres, les arts et les sciences sous Auguste, la France, elle, a eu l'incomparable siècle de Louis XIV. « Ce monarque, dit l'abbé Maury, eut à la tête de ses armées Turenne, Condé, Luxembourg, Catinat, Créquy, Boufflers, Montesquiou, Vendôme et Villars. Chateaubriand, Duquesne, Tourville, Duguay-Trouin, commandaient ses escadres ; Colbert, Louvois et Torcy, étaient appelés à ses conseils ; Bourdaloue, Massillon, lui annonçaient ses devoirs. Son premier sénat avait Molé et Lamoignon pour chefs, Talon et d'Aguesseau pour organes. Vauban fortifiait ses citadelles ; Riquet creusait ses canaux ; Perrault et Mansard construisaient ses palais; Puget, Girardon, Le Poussin, Lesueur et Lebrun, les embellisaient; Le Nôtre dessinait ses jardins; Corneille, Racine, Molière, Quinault, La Fontaine, La Bruyère, Boileau, éclairaient sa raison et amusaient ses loisirs; Montansier, Bossuet, Beauvilliers, Fénelon, Huet, Fléchier, l'abbé de Fleury, élevaient ses enfants! »

C'est avec cet auguste cortége de génies immortels que Louis XIV, appuyé sur tous ces grands hommes, qu'il sut mettre et conserver à leur place, se présente aux regards de la postérité. Si donc Louis-Philippe a eu raison d'opiner pour l'histoire de France contre l'histoire de Rome, il est facile de voir qu'il a cédé à un mouvement tout spontané, tout national, dont il faut lui savoir gré *quand même!*

Je dis *quand même*, car les paroles du roi des Français seraient bien plus dignes encore si elles avaient été dites par M. le duc d'Orléans! Alors il eût été réellement beau de voir faire l'éloge de l'ancienne monarchie française par celui qui, en 1807, voulait « *re-* » *lever et soutenir les trônes renversés par* » *l'usurpateur* (1) » ; par celui qui fut fidèle aux Bourbons, *ses aînés*, dans les Cent-Jours, et qui eut l'honneur de signer l'acte de naissance de Henri-Dieudonné en 1820. Mais M. le duc d'Orléans étant devenu roi des Français par la déclaration dn 7 août, son discours aux collégiens acquiert une tout autre importance. Pourquoi vanter un passé dont on s'est séparé volontairement?... Si la France a été grande et glorieuse à toutes les époques, pourquoi laisser incessamment calomnier l'ancien régime au profit du régime nouveau?...

Pourtant, il faut bien le reconnaître, il y a une haute raison à désirer que les enfants

______

(1) Extrait d'une lettre écrite par Louis-Philippe d'Orléans au roi d'Espagne pour lui annoncer qu'il accepte le commandement des troupes espagnoles pour combattre les Français qui ont envahi l'Espagne. J'ai donné cette pièce dans ma première lettre historique, intitulé : *Charles V et l'alliance anglaise.*

s'occupent un peu moins de l'histoire romaine et un peu plus de l'histoire de notre
ancienne monarchie française. L'illustre M.
Villemain a dit « qu'il se chargerait volon-
» tiers de prouver que les républiques ro-
» maines et grecques ont commis plus de
» crimes à elles seules que toutes les mo-
» narchies du monde réunies. » Je le crois
sans peine, et j'applaudis, en conséquence,
de tout mon pouvoir ces paroles de Louis-
Philippe : « *Que l'ancienne monarchie fran-*
» *çaise valait bien les républiques d'Athènes*
» *et de Rome.* »

Oui, c'est dans l'étude de notre histoire
que les jeunes hommes doivent puiser leurs
enseignements et leurs exemples; notre
monarchie séculaire en fourmille, et il faut
bien avouer que les hommes d'aujourd'hui
sont très désintéressés lorsqu'ils nous en-
voient fouiller l'histoire de Charlemagne,
de saint Louis et de Louis XII, car on ne
trouve dans les archives des siècles passés
que des armes contre le système ministériel

qui règne actuellement sur la France. Mais aujourd'hui nous examinerons seulement si, sous Charlemagne, les libertés publiques étaient plus grandes que dans notre prétendu siècle de lumière, et si, pièces en mains, nous n'avons pas tout à envier aux premiers siècles de notre monarchie, surtout au neuvième, que nous devrions prendre pour modèle.

En effet, Charlemagne était un homme fermement dévoué à la gloire et aux intérêts de la France ; il aimait le peuple autant que lui-même, et la liberté du peuple plus que la sienne propre. Mais comme l'histoire ne s'imagine pas, et qu'il faut la prendre telle qu'elle est, je crois que la meilleure manière de dire la vérité sur Charlemagne et son siècle est de rapporter d'abord ce qu'ont écrit les différents historiens qui s'en sont occupés, et de conclure ensuite ; c'est peut-être aussi le seul moyen d'éviter de passer par les lois de septembre, lesquelles lois m'ont déjà privé du plaisir d'établir un parallèle *personnel* entre Louis-Philippe et Charlemagne, quand il m'eût été si doux de vanter la libéralité, la franchise, le patriotisme, l'amour de la gloire et de la France de ce dernier monarque.

Je commencerai mes citations par l'extrait suivant de l'excellent ouvrage de M. de Lourdoueix, ayant pour titre : *De la Restauration de la Société Française* (1) :

« Plus de trente assemblées nationales furent convoquées sous Charlemagne, dit-il; on en compte vingt-cinq sous le règne de Louis le Débonnaire et le même nombre sous Charles le Chauve.

» Une lettre d'un auteur contemporain, l'archevêque Hincmar, contient de précieux détails sur les formes qui s'observaient du temps de Charlemagne pour la convocation et les délibérations de ces assemblées.

______

(1) 1 vol. in-8°. Chez Sapia, rue de Sèvres, n° 16, et aux bureaux de la *Gazette de France*, rue du Doyenné, n° 12.

« S'il faisait beau temps, dit-il (1), on
» s'assemblait quelquefois en plein air, si-
» non il y avait deux salles principales, une
» pour les évêques, l'autre pour les com-
» tes; il était libre aux deux chambres de
» délibérer à part ou en chambres réunies.
» Il y avait encore plusieurs autres salles
» (*diversa loca*) pour le reste de l'assem-
» blée (*cœtera multitudo*), qu'on appelait
» *minores* : c'étaient les *notables*, les *scabi-*
» *ni* ou échevins des villes et districts, qui
» accompagnaient les comtes ou gouver-
» neurs à l'assemblée générale, et dont le
» nombre, pour chaque comté, fut succes-
» sivement augmenté, et enfin porté à douze
» par le deuxième capitulaire de Louis le
» Débonnaire de l'an 819. Après que tou-
» tes les affaires de l'assemblée générale
» étaient finies et avaient obtenu la sanc-

(1) Nous nous servons de l'analyse que M. Henrion de
Pensey a donnée de cette lettre dans son *Histoire des assemblées nationales.*

» tion royale, le roi complimentait l'as-
» semblée sur ses travaux, et, en la con-
» gédiant ou la prorogeant, chargeait spé-
» cialement chaque membre de s'informer
» scrupuleusement, pour l'ouverture de
» l'assemblée suivante, s'il s'élevait quelque
» murmure ou mécontentement, et quelle
» pouvait en être la cause. »

» Le savant jurisconsulte auquel nous
empruntons cette analyse donne les expli-
cations suivantes sur la nature des affaires
soumises aux assemblées nationales :

« Ces affaires, dit-il, étaient partagées en
» causes majeures et en causes mineures.
» On réputait causes mineures celles qui
» concernaient la juridiction des évêques et
» la formation de l'armée, sa discipline, le
» mode de recrutement, l'organisation des
» tribunaux, le nombre des juges, les rè-
» gles à suivre dans leurs élections, etc.
» Les causes étaient majeures toutes les
» fois qu'il s'agissait de régler les transmis-
» sions de biens, les successions, les par-

» tages ; toutes les fois qu'à raison des
» progrès de la civilisation et de l'industrie
» on croyait nécessaire de faire quelques
» changements à la loi salique, aux codes
» des Ripuaires ou des Bavarois. Les assem-
» blées nationales connaissaient des causes
» mineures et les réglaient seules, par des
» actes législatifs qu'on appelait des *capitu-*
» *laires*. A l'égard des causes majeures, les
» formes étaient bien autrement solennel-
» les : la loi était d'abord rédigée en simple
» projet ; ce projet était adressé à tous les
» gouverneurs, alors connus sous le nom de
» comtes ; chaque comte assemblait les
» juges, les administrateurs, les notables
» de son comté, leur exposait le projet, re-
» cueillait leurs suffrages, et le portait à
» l'assemblée générale : là, les suffrages
» étaient calculés, et le projet faisait *loi* si
» la majorité des comtés l'adoptait ; autre-
» ment, il était rejeté.

» Telle était l'autorité des diètes géné-
» rales, que les rois eux-mêmes n'avaient

» pas le droit de suppléer, par dispositions
» interprétatives, à l'insuffisance des actes
» émanés d'elles. Le plus grand, le plus
» puissant d'entre eux, Charlemagne, à qui
» l'on demandait si les comtes avaient le
» droit d'exiger un sou pour l'expédition de
» certains actes, répondit : « Consultez la
» loi salique, et, si elle est muette, adres-
» sez-vous à l'assemblée générale. »

» Il résulte de ces faits que, sous Charlemagne, à raison de l'extension immen-
se qu'avait prise la monarchie française,
les assemblées nationales virent les délibérations concentrées entre les représentants
des villes et des comtés (*les évêques élus par
le peuple* et les scabini) et les officiers
royaux ou grands fonctionnaires (les comtes ou gouverneurs), et que les citoyens,
sans délégation et sans fonctions publiques,
qui se rendaient en foule à ces diètes générales, pouvaient conférer entre eux et avec
le roi sur les affaires publiques, mais qu'ils
ne votaient pas dans l'assemblée. Mais on

2

avait trouvé un moyen beaucoup plus sûr
de faire participer la nation entière au vote
de la loi : c'était de soumettre cette loi à
l'adoption des assemblées de comtés, assemblées dans lesquelles nous retrouvons
ces idées de généralité qui se présentent
sous la première race, quand il est ques-
tion des réunions du Champ-de-Mars.

» Nous voyons, en effet, dans un capitulaire de l'année 803, ces expressions re-
marquables : « *Que le peuple* soit interrogé
» (*ut populus interrogetur*) sur les capitulai-
» res qui ont été nouvellement ajoutés à la
» loi ; et quand tous auront consenti, qu'ils
» fassent leurs souscriptions et confirma-
» tions à ces capitulaires (1) ».

» La royauté, ne pouvant appeler au cen-

(1) M. Raynouard, dans son *Histoire du droit munici-
pal*, produit un grand nombre de faits qui ne permettent
pas de révoquer en doute l'usage de ces assemblées provinciales dans la seconde race, et leur concours pour la
promulgation et la confirmation des lois.

tre la liberté pour concourir avec elle à la législation, rapprochait en quelque sorte cette législation de la liberté politique, afin de ne pas se priver elle-même de l'assentiment des peuples pour la loi qu'elle était chargée d'exécuter. Les institutions représentatives doivent toujours être en raison de la surface du territoire.

» Il nous reste à faire connaître l'esprit de ces assemblées nationales, dont nous avons indiqué les attributions et les formes ; et l'histoire de cette époque nous fournit à cet égard des renseignements d'autant plus précieux qu'ils peuvent prouver l'action réparatrice des assemblées vraiment générales et libres. On voit en effet, dans les troubles civils causés par les différends de Louis le Débonnaire et de ses fils, des atteintes portées au principe monarchique dans des assemblées partielles ou opprimées par une faction, réparées avec éclat dans des assemblées générales et régulières.

» Une ligue puissante , appuyant la révolte de Lothaire , avait passionné les peuples contre Louis le Débonnaire ; le mal-
heureux père tomba au pouvoir de son fils ,
qui s'était emparé du gouvernement. Lothaire se laissa persuader par les seigneurs
vendus à sa cause de faire confirmer son
usurpation par une assemblée générale ; ils
l'assurèrent que son parti ne pouvait man-
quer d'y faire la loi , et que son autorité serait unanimement proclamée : cette assemblée fut résolue et convoquée à Nimègue.
Dans l'intervalle qui suivit cette résolution
jusqu'au moment où elle se réalisa, les peuples firent des réflexions, les passions se
refroidirent , l'assemblée se prononça contre l'usurpation. Les chefs de la rébellion
furent jugés et condamnés selon les lois
existantes, et Lothaire n'eut d'autre parti à
prendre que de s'aller jeter aux pieds de
son père, qui lui pardonna.

» Peu de temps après, Lothaire s'étant
révolté de nouveau, Louis le Débonnaire

s'avança pour le combattre; mais son armée tout entière passa du côté de son fils, et lui-même se trouva encore une fois au pouvoir de ses enfants. Alors il se forma à Rotfeld une assemblée de tous les chefs de l'armée : l'empereur y fut déposé tout d'une voix, le trône fut déclaré vacant, et Lothaire fut proclamé. Veut-on savoir quel jugement la nation porta de cet événement? Le lieu où il se passa est appelé *le Champ du Mensonge* (1).

» Pour régulariser tous ces actes, Lothaire n'avait d'autre moyen à employer qu'une assemblée générale; mais cette fois, instruit par l'expérience, il prit ses mesures pour exclure ou pour intimider tous ceux qui lui étaient contraires. Avant l'ouverture de l'assemblée, qui se tint à Compiègne, il les fit accuser par ses partisans « comme des perturbarteurs du repos public,

(1) *Campus mentitus* (président Hénault; P. Daniel, *Histoire de Louis le Débonnaire*).

» et des ennemis du gouvernement établi
» par le vœu de toute la nation ! » Il exigea
d'eux des déclarations et des serments. Ainsi
confirmé dans son usurpation, il pouvait se
croire affermi ; son triomphe fut court, l'in-
dignation publique en abrégea le terme.
L'empereur fut délivré par ses autres fils,
« et ce ne fut pendant long-temps que fêtes
» et réjouissances dans tout le royaume. »
Enfin une assemblée generale, convoquée à
Thionville, termina cette longue collision ;
les actes de l'assemblée de Compiègne furent flétris, les principes nationaux furent
proclamés, la révolte et les voies de fait
furent réprouvées avec chaleur, et l'acte de
pénitence publique qu'on avait arraché à la
faiblesse du monarque captif fut cassé avec
appareil. »

Ce dernier exemple, si admirablement
choisi par M. le chevalier de Lourdoueix,
est un fait historique de la plus haute importance, et qui a été plusieurs fois imité
depuis cette époque. En France, au quator-

zième siècle, une assemblée générale a commencé et fini la révolution et l'usurpation qui eurent lieu sous le règne de Jean le Bon. En Angleterre, une assemblée factieuse amena un combat entre la prérogative royale et le pouvoir parlementaire dans lequel Charles Ier perdit la tête, et le *parlement croupion* fut remplacé par une assemblée générale qui accepta la restauration de Charles II, aux applaudissements unanimes du peuple anglais. C'est aussi une assemblée générale qui, en 1789, a rouvert les plaies de la France : espérons qu'avec l'aide de Dieu et l'intelligence des Français, une seconde assemblée générale les cicatrisera !....

.... Mais en continuant tout seul, ou même avec le secours de nos honorables amis politiques, la défense de *l'ancien régime* contre le régime nouveau qu'on lui a préféré, nous serions peut-être accusé de partialité. Pour éviter ce reproche, nous allons faire rompre quelques unes de nos lances par les historiens les plus estimés de nos adversaires. On va voir en quels termes Mably parle de Charlemagne et de son siècle. Nous n'interromprons que très rarement son récit par nos réflexions, parce que les citations que nous empruntons au premier volume de ses *Observations sur l'histoire de France* flétrissent d'elles-mêmes, et beaucoup mieux que nous n'oserions le faire, le régime bâtard de liberté sous lequel nous avons le malheur de vivre depuis le 23 juin 1789 au soir, alors que les députés de la France, ne se contentant pas de la destruction de la féodalité faite par Louis XVI, renversèrent la constitution du pays, violèrent leurs serments, oublièrent leurs devoirs et leurs droits, en foulant aux pieds la volonté et les intérêts de leurs commettants. Honte à ces parjures ! Ils ont causé tous les malheurs, toutes les guerres civiles, toutes usurpations squi ont désolé la France depui un demi-siècle. Honte à eux et à tous leurs émules!...

Mais nous avons promis de laisser parler M. de Mably, écoutons-le :

DE LA CONSTITUTION.

« Du milieu de la barbarie où le royaume des Français était plongé on a vu sortir un prince à la fois philosophe, législateur, patriote et conquérant. *Sa politique doit servir de leçon aux rois qui règnent sur les peuples et dans les temps les plus éclairés.*

» Les Français étaient perdus si Charles, que j'appellerai désormais Charlemagne, eût eu moins de vertu que de génie. Les révolutions, qui avaient fait oublier les lois, n'avaient pas même établi à leur place des coutumes fixes et uniformes. On n'avait consulté que les conjonctures et les convenances pour agir ; et on ne savait encore obéir que quand on était trop faible pour oser se

révolter. En un mot, tous les ordres de l'é-
tat, sans patrie, sans se douter même qu'il
y a un bien public, et ennemis les uns des
autres, étaient dans cette situation déplora-
ble que désire, que cherche, que fait naître
l'ambition d'un prince assez peu instruit de
ses intérêts pour penser que le comble du
bonheur consiste à jouir d'un pouvoir sans
bornes.

» Charlemagne n'avait qu'à ne pas s'op-
poser au cours des événements que devaient
produire les vices des Français, et la nation
allait se trouver asservie au gouvernement
le plus arbitraire. C'eût été un jeu pour un
génie aussi grand et aussi fécond en res-
sources que le sien que de tourner à son
profit les divisions de ses sujets, d'humilier
les différents ordres de l'état les uns par
les autres, et d'élever la prérogative royale
sur la ruine commune de leurs priviléges.

» Il n'est pas extrêmement difficile de re-
médier aux maux d'un peuple dont le gouvernement n'est pas altéré dans le principe

fondamental de l'obéissance et de la subor-
dination; quand il subsiste encore une puissance législative, ou qu'on en reconnaît du
moins la nécessité, les esprits ont un point
de réunion. Les désordres eux-mêmes deviennent autant de leçons utiles, et il suffit
alors de faire à propos quelques règlements
sages, on y obéira. Mais quand les troubles
de l'état portent avec eux les symptômes
d'une anarchie générale, qu'importe de faire des lois que le faible se fait art d'éluder,
et le puissant une gloire de violer? Quelque
salutaires qu'elles soient en elles-mêmes,
elles deviennent inutiles et augmentent souvent la confusion. *C'est à la source du mal
qu'il faut alors remonter;* et, avant de com-
mander des choses justes, il faut avoir mis
le citoyen dans la nécessité d'obéir.

» Charlemagne, dont les vues embras-
saient également l'avenir et le présent, ne
voulut pas faire le bonheur de ses contem-
porains aux dépens de la génération qui lui
succéderait; *il apprit aux Français à obéir*

aux lois, en les rendant eux-mêmes leurs pro-
pres législateurs.

» Pépin avait commencé la réforme en se faisant une règle de convoquer, tous les ans, au mois de mai, les évêques, les abbés et les chefs de la noblesse, pour conférer sur la situation et les besoins de l'état. Charlemagne perfectionna cet établissement : il voulut que les assemblées fussent convoquées deux fois l'an, au commencement de l'été et à la fin de l'automne, et la première loi qu'on publia fut de s'y rendre avec exactitude (1). Ce prince ne crut pas qu'il suffît d'y appeler les grands ; quelque humilié que fût le peuple, il en connaissait *les droits imprescriptibles*, et avait pour lui cette compassion mêlée de respect avec laquelle les hommes ordinaires voient un prince fugitif et dépouillé de ses états. Ce

(1) Qui empêcherait de renouveler cette juste et légale sévérité envers les égoïstes membres de notre société qui veulent avoir des droits sans devoirs.

ne fut point seulement par esprit de justice qu'il fit tous ses efforts pour lui faire *restituer* (1) une partie de sa première dignité : il savait encore que c'était le seul moyen de l'intéresser au bien public, de rapprocher la noblesse et le clergé du prince, et de les préparer sans effort à renoncer à la tyrannie qu'ils affectaient et qui faisait le malheur du royaume. Enfin, Charlemagne fut assez heureux pour que les grands consentissent à laisser entrer le peuple dans le Champ-de-Mars, qui par là *redevint* véritablement l'assemblée de la nation.

» Tant que le Champ-de-Mars avait subsisté sous les premiers successeurs de Clovis, tout homme libre qui vivait sous la loi salique ou sous la loi ripuaire avait le privilége de s'y rendre, et y occupait une place. Mais depuis que les Français possé-

(1) Avant Charlemagne les Français jouissaient donc déjà de cette liberté dont nous demandons aujourd'hui la restitution à nos *entrepreneurs de félicité publique.*

daient un pays très étendu, et s'étaient extrêmement multipliés par la naturalisation
des étrangers, cette méthode n'aurait plus
été praticable ; et pour prévenir le trouble
et la confusion d'une assemblée trop nom-
breuse, Charlemagne établit à cet égard un
nouvel ordre. Il fut réglé que chaque comté
députerait au Champ-de-Mars douze représentants, choisis dans la classe des rachinbourgs (1), ou, à leur défaut, parmi les
citoyens les plus notables de la cité ; et que
les avoués des églises, *qui n'étaient encore
alors que des hommes du peuple*, les accom-
pagneraient.

» Je ne puis m'empêcher de copier *Hincmar* en cet endroit. « L'assemblée, dit-il,
qui se tenait à la fin de l'automne, après
que la campagne était finie, n'était compo-

_____

(1) Les rachinbourgs étaient des espèces d'assesseurs
aux juges, qui remplissaient à peu près l'office de nos jurés
actuels ; ils étaient élus par le peuple, et le plus souvent
choisis dans son sein.

sée que des seigneurs les plus expérimentés
dans les affaires; elle réglait la gratifica-
tion qui devait se distribuer, et, jetant les
yeux sur l'avenir, préparait les matières
qui devaient faire l'objet de délibérations
dans l'assemblée suivante. On y discutait
les intérêts du royaume relativement aux
puissances voisines ; on revoyait les traités;
on examinait avec attention s'il était à propos de les renouveler, ou s'il était plus
avantageux de donner de l'inquiétude à
quelque voisin. De là on passait à l'examen
de l'intérieur de l'état; on recherchait la
cause des abus présents, et on travaillait à
prévenir les maux dont on pouvait être me-
nacé. Jamais le public n'était instruit des
vues, des débats, des projets ni des réso-
lutions de cette assemblé. Un secret invio-
lable empêchait que les étrangers ne pus-
sent se précautionner contre les entreprises
dont ils étaient menacés, et que, dans l'intérieur même du royaume, des mécontents
ou des esprits jaloux et inquiets ne s'oppo-

sassent par leurs intrigues au bien public.

» C'était l'assemblée générale du mois de mai suivant, composée des évêques, des abbés, de comtes, des seigneurs *et des députés du peuple*, qui recueillait le fruit de cette première assemblée. C'est là que se réglait l'état de tout le royaume pour l'année courante ; et ce qu'on y avait une fois arrêté n'était jamais changé, à moins de quelque événement imprévu, et qui, par son importance, aurait intéressé le sort général de la nation. Pendant que les trois ordres étaient occupés à régler les affaires, Charlemagne, par respect pour la liberté publique, n'assistait pas à leurs délibérations.

» Quelquefois, les trois chambres séparées du clergé, de la noblesse et du peuple, se réunissaient, soit pour se communiquer les règlements que chaque ordre avait fait par rapport à sa police ou à ses intérêts particuliers, soit pour discuter les affaires mixtes, c'est-à-dire qui tenaient à la fois au spiruel et au temporel, ou qui, par leur nature, étaient relatives à deux ou à tous les ordres de l'état. Le prince ne se rendait à l'assemblée que quand il y était appelé, et c'était toujours pour y servir de médiateur, lorsque les contestations étaient trop animées, ou pour donner son consentement aux arrêts de l'assemblée. Alors il proposait quelquefois lui-même ce qu'il croyait le plus avantageux à l'état; et avant que de se séparer, on portait enfin ces lois connues sous le nom de *Capitulaires*, qui, soit qu'elles fussent l'ouvrage de la nation, soit qu'elle les eût simplement adoptées, conservèrent l'usage nouvellement établi d'ê- tre publiées sous le nom du prince, qui y prend le titre de législateur suprême.

» *Nous voulons, nous ordonnons, nous commandons,* dit Charlemagne dans ses capitulaires; mais ces expressions, qui ont fait croire à plusieurs écrivains que la puissance législative appartenait tout entière au prince, ne présentaient point alors à l'esprit les mêmes idées que nous y avons attachées depuis; la forme seule du gouvernement les modifiait, et la conduite même de Charlemagne leur ôtait cette âpreté despotique dont il était ennemi, et qui eût blessé des oreilles libres.

» Charlemagne voulait, ordonnait, commandait, parce que la nation avait voulu, ordonné et commandé, et le chargeait de publier ses lois, de les observer et d'en être le protecteur et le vengeur.

» Il n'est pas permis en effet de douter que la puissance législative ne résidât dans le corps de la nation. Charlemagne et Louis le Débonnaire en avertissent eux-mêmes; et les capitulaires disent positivement que la loi n'est autre chose que la volonté de la nation, publiée sous le nom du prince (1).

---

(1) Clotaire II écrivait : « On convoque l'assemblée de
» la nation parce que tout ce qui regarde la sûreté commu-
» ne doit être examiné et réglé par l'assemblée générale,
» et je dois me conformer à tout ce qu'elle aura résolu. »

Telle est la doctrine qu'enseignent partout les monuments les plus respectables de notre histoire.

» Qu'on examine de près la conduite de Charlemagne, et on le verra toujours scrupuleusement attentif à respecter la liberté qu'il avait rendue à la nation, dans la vue d'y détruire l'esprit de servitude et de tyrannie, de l'intéresser au bien public, et d'en faire l'instrument des grandes choses qu'il méditait. Il ne se crut jamais exempt d'obéir au Champ-de-Mai; il observa toujours les lois, parce qu'elles servaient de fondement à sa grandeur, et pour apprendre à ses sujets à les respecter.

» Si Tassilon, duc des Bavarois, est condamné à mort par la nation à cause de ses infidélités, Charlemagne, qui est son parent, et qui, par son humanité, voulait gagner le cœur des peuples tributaires des Français, ne lui accorde point la vie de son autorité privée; il demande sa grâce à l'assemblée, la sollicite et l'obtient.

» Veut-il retenir à sa cour l'évêque Hil-
debold, l'ecclésiastique qu'il jugeait le plus
propre à remplir dans son palais l'emploi
important d'apocrisiaire , il s'adresse au
pape pour faire exempter ce prélat des ca-
nons qui ordonnent la résidence , et à l'assemblée de la nation pour l'affranchir de la
loi qui défendait aux évêques d'être absents
de leur diocèse pendant plus de trois se-
maines de suite. Ce prince ne commande
jamais; il propose, il conseille, il insinue.

« Je vous envoie, écrit-il aux évêques as-
» semblés , des commissaires qui , en mon
» nom, concourront avec vous à corriger
» les abus qui méritent d'être réformés. Je
» les ai chargés de vous communiquer
» quelques projets de règlement, que je
» crois nécessaires. Mais , de grâce, ne
» prenez point en mauvaise part des con-
» seils qui ne sont que le fruit de mon zèle
» pour tout ce qui vous touche. J'ai lu dans
» l'Écriture que Josias , ce prince recom-
» mandable par sa piété , ne négligeait rien

» pour établir le culte du vrai Dieu ; quoi-
» que je sente combien je suis inférieur à
» ce saint roi, je dois tâcher de suivre son
» exemple. »

DÉCENTRALISATION.

« Charlemagne partagea tous les pays de
sa domination en différents districts ou *lé-
gations*, dont chacun contenait plusieurs
comtés ; et, renonçant à l'usage ancien, il
n'en confia point l'administration à un duc.
Outre les assises, qui ne regardaient que
l'administration de la justice entre les citoyens, ces espèces de censeurs tenaient
tous les ans, dans leur province, des états
particuliers, où les évêques, les abbés, les
comtes, les seigneurs, les avoués des églises, les vicaires des comtes, les cente-
niers et les rachinbourgs, *étaient obligés
de se trouver en personne*, ou par leurs
représentants, si quelque cause légitime les
retenait ailleurs. On traitait dans ces assem-

blées de toutes les affaires de la province ;
tous les objets y étaient vus dans leur
juste proportion ; on examinait la conduite
des magistrats et les besoins des particuliers. Quelque loi avait-elle été violée ou
négligée, on punissait les coupables. Les
abus en naissant étaient réprimés, ou du
moins ils n'avaient jamais le temps d'acqué-
rir assez de force pour lutter avec avantage
contre les lois. Les envoyés faisant le rapport au prince et à l'assemblée générale de
tout ce qu'ils avaient vu, l'attention publique, quelque vaste que fût l'étendue de
l'empire français, se fixait en quelque sorte
sur chacune de ses parties ! Rien n'était ou-
blié, rien n'était négligé. La nation entière
avait les yeux continuellement ouverts sur
chaque homme public. Les magistrats, qu'on
observait, apprirent à se respecter eux-
mêmes.

» *Les mœurs, sans lesquelles la liberté dé-
génère toujours en une licence dangereuse*, se
corrigèrent, et l'amour du bien public, uni

à la liberté, la rendit de jour en jour plus agissante et plus salutaire.

» Le Champ-de-Mai apprit à se défier de la prospérité, à craindre pour l'avenir, à préparer des obstacles aux abus, à remonter à la source du mal, et fut en état de s'élever jusqu'aux principes d'un bon gouvernement, ou du moins de les connaître et de les saisir quand Charlemagne les lui présentait. De là cet amour de la patrie et de la gloire qui parut pour la première fois chez les Français, et en fit une nation toute nouvelle. A mesure que les différents ordres de l'état, traitant ensemble par la médiation de Charlemagne, se rapprochaient, et oubliaient leurs anciennes inimitiés, ils sentaient accroître leur bonheur particulier et leur attachement pour l'ordre. *En divisant tout*, dit un tyran, *je me rendrai tout-puissant* (1) ·*Soyez unis*, disait Charlemagne à

______

(1) N'est-ce pas là la maxime adoptée par nos gouvernants modernes, MM. Molé et Montalivet en tête ?

ses peuples, *et nous serons tous heureux.* Agissant enfin avec ce zèle qui donne la liberté, et avec cette union qui multiplie les forces, rien ne put résister aux Français. Ils soumirent une partie de l'Espagne, l'Italie, toutes ces vastes contrées qui s'étendent jusqu'à la Vistule et à la mer Baltique, et la gloire du nom français, pareille à celle des anciens Romains, passa jusqu'en Afrique et en Asie. »

DES IMPOTS.

« Sous Charlemagne, on restreignit les charges, les travaux, les corvées que les seigneurs exigeaient des hommes de leurs terres. On pourvut à l'avenir, en ordonnant que l'autorité des coutumes, jusque alors trop étendue, toujours équivoque, et par conséquent toujours tyrannique, serait subordonnée au pouvoir des lois. S'il ne fut pas possible d'anéantir tous les péages, ni toutes ces espèces de douanes que la force

avait établis, et qui gênaient prodigieuse-
ment le commerce des villes et de la campagne, on y mit du moins de l'ordre. Les
plus récents de ces droits furent abolis, de
même que ceux dont le public était foulé
sans en retirer aucun avantage. La percep-
tion du droit suppose dans le seigneur, le
devoir de réparer et d'entretenir les chemins et les ponts. On fut libre de faire prendre à ses denrées la route qu'on voulut, et
le particulier qui ne les transportait pas
pour les vendre ne fut sujet à aucune
taxe (1).

» Les mœurs des Français, leur attachement à leurs lois, leur administration politique, *tout concourt à la fois à prouver qu'ils
ne furent sujets à aucune taxe d'impôts.* J'a-
joute que les Gaulois jouissaient des mêmes
avantages, et c'est presque le démontrer
que de dire que la plupart d'entre eux né-

(1) Aujourd'hui le commerce a mille entraves : ce sont
les inspections, les octrois, les droits de timbre, etc.

gligèrent de se naturaliser Français. M. le
président de Montesquieu a très bien prouvé
d'ailleurs qu'un peuple qui n'avait point de
besoins ne levait point d'impôts. » (1)

LÉGISLATION.

« Les assises que les envoyés royaux
tenaient quatre fois par an dans leurs lé-
gations remédièrent à la plupart des ré-
formes. La conduite des juges fut éclairée ;
ils furent obligés d'obéir aux lois, dont ils

(2) En effet, les plus hautes charges de l'état étaient
remplies gratuitement, et aujourd'hui elles sont toutes salariées, et très salariées même ; la noblesse faisait la guerre
à ses dépens ; nous n'avions point ou fort peu de marine ;
les communes s'administraient elles-mêmes par des hommes *élus* et non soldés ; le roi et la famille royale vivaient
de leurs domaines privés, etc. , etc. — En relisant l'histoire
de ces temps anciens, je me demande toujours qu'est-ce
que la république pourrait donc nous offrir de plus libéral
que le système administratif de *vieille et glorieuse monarchie
française.*

ne furent plus que les organes. Cette cour suprême du roi, où il était presque impossible de parvenir, fut à la fois présente dans chaque province, et la faiblesse du peuple y trouva un asile toujours ouvert contre la puissance des grands.

» Tandis que les envoyés royaux rétablissaient ou maintenaient l'ordre dans les tribunaux subalternes, Charlemagne s'honorait autant de la qualité de premier juge de sa nation que de celle de général. On peut voir dans *Hincmar* avec quelle sagesse ce prince rendait lui-même la justice dans son palais. Quelque nombreuses et importantes que fussent ses occupations, on ne portait point d'affaires difficiles à sa cour qu'il n'en prît connaissance.

» Les Français comprirent par leur propre expérience, sous Charlemagne, qu'une classe de citoyens pouvait être heureuse sans opprimer les autres. C'est par ce sage gouvernement, dont je n'ai développé que les principes généraux, que Charlemagne retira en quelque sorte sa nation du chaos où elle se trouvait. Aux lois il joignit son exemple, peut-être encore plus efficace. Qu'on voie, dans *Hincmar*, le tableau qu'il nous a laissé de l'ordre admirable qui régnait dans le palais. Charlemagne ne voulait pas avoir pour officiers ou pour ministres des courtisans, mais des hommes qui aimassent la vérité et l'état, qui fussent connus par leur expérience, leur discrétion, leur exactitude, leur sobriété, et assez fermes dans la pratique de leurs devoirs non seulement pour être inaccessibles aux présents, mais pour ne pouvoir pas même être éblouis et trompés par la flatterie, l'amitié et les liaisons du sang. »

Tous les écrivains qui ont apprécié le règne de Charlemagne l'ont jugé comme M. de Lourdoueix et Mably. Voici maintenant l'opinion d'Anquetil :

« Quarante-sept années d'un règne glorieux, des victoires multipliées, les barbares repoussés des frontières et subjugués , les factions éteintes, la paix intérieure assurée, des lois sages promulguées et mises en vigueur, la religion protégée, les sciences renouvelées : voilà ce qui fonde la réputation de Charlemagne. Cette réputation a été portée, par les historiens, jusqu'à l'excès de l'admiration.

» Il n'y a pas de moyens que Charlemagne ne tentât pour gagner les Saxons, qu'il aimait mieux soumettre par les lois que par la violence. Il tenait chez eux des assemblées générales, des cours plénières, dans lesquelles il étalait toute la magnificence du trône. Il tâchait aussi de les amener à la religion par la majesté des cérémonies dans les jours solennels.

» A la guerre, à la politique, aux soins du gouvernement, Charlemagne joignait le goût des lettres, qu'il fit renaître et qu'il cultiva. Personne ne doute qu'on ne doive à Charlemagne le goût d'étude, le désir d'apprendre qui se manifesta pendant son rè

gne. Quelle devait être l'émulation lorsqu'on le voyait parcourir les écoles? « Etu-
» diez, s'écriait-il, appliquez-vous, rendez-
» vous habiles, et il ne se passera pas un
» moment où je ne m'empresse de vous té-
» moigner mon estime. » Il présidait lui-
même aux examens. Mécontent un jour du
peu de progrès des jeunes étudiants qu'il
rassemblait dans l'école de son palais, il
leur dit : « Parce que vous êtes riches, que
» vous êtes fils des premiers de mon royau-
» me, vous croyez que votre naissance et
» vos richesses vous suffisent; que vous
» n'avez pas besoin de ces études, qui vous
» feraient tant d'honneur; vous vous com-
» plaisez dans une vie délicate et efféminée;
» vous ne songez qu'à la parure, au jeu et
» au plaisir. Mais je le jure, je ne fais au-
» cun cas de cette noblesse, de ces riches-
» ses qui vous attirent de la considération;
» et si vous ne réparez au plus tôt, par des
» études assidues, le temps que vous avez
» perdu en frivolités, jamais, non jamais,

» vous n'obtiendrez rien de Charles. » (1)

» Une grande réserve est imposée aux juges et à tous ceux qui sont admis à la magistrature, qui est une espèce de sacerdoce ; ils suivront les lois, jugeront avec équité, sans acception de personnes, surtout *ne recevront jamais de présents* (2) : car « où en- » trent les présents, de là s'enfuit la jus- » tice ». Il n'y a point d'état qui ne trouve ses devoirs dans les capitulaires. La solennité apportée à la confection et à la publication des lois les rendait plus respectables au peuple, et par suite plus efficaces.

» Charlemagne traitait son royaume comme une grande famille........ Les biens de nos rois consistaient en domaines qu'ils affermaient, ou que des préposés faisaient

(1) Voilà comment parlait un de ces rois de l'ancien régime qu'on nous représente toujours comme favorisant l'ignorance des peuples, et comme s'opposant aux progrès des sciences et de la civilisation !

(2) Que seraient donc devenus les généraux Brossard et Bugeaud sous le règne de Charlemagne ?...

valoir pour eux. *Les redevances se payaient en nature* (1). Charlemagne connaissait tous ses régisseurs, entrait dans le détail de leur gestion. Il paraît, par son testament, qu'il ne regardait pas comme au dessous de lui d'allier ces soins domestiques aux devoirs de la royauté. Il fut inhumé dans l'église d'Aix-la-Chapelle, qu'il avait bâtie. Ses actions le peignent suffisamment. Nous n'en ferons pas d'autre éloge que celui qui a été renfermé dans cette très courte épitaphe : « Il a noblement agrandi et heureuse- » ment gouverné son royaume. »

Voici le tableau que fait Mézerai d'une

(1) On s'est beaucoup récrié contre ce mode d'imposition, et il me semble pourtant que c'est le plus équitable. Aujourd'hui, si les moissons sont mangées par le tas, si les vignes sont gelées ou détruites par la grêle, le fisc n'en réclame pas moins l'argent que vous n'avez pu gagner, puisque vous avez tout perdu, tandis qu'autrefois vous ne payiez généralement que le dixième de ce que vous aviez récolté, bon ou mauvais.

des scènes qui ont illustré le règne de Charlemagne :

« La chrétienté jouissant d'une profonde paix, Charlemagne n'avait plus rien à souhaiter en ce monde que la conservation de son bonheur et de sa postérité. Afin de le lui transmettre, il envoya quérir son fils Louis, le seul qui lui restait des trois, étant d'autant plus satisfait de ce jeune prince, qu'il n'avait jamais voulu le faire venir auprès de lui depuis la mort de ses autres frères, de peur de lui donner des soupçons, et sembler le déposséder de son empire. Comme il fut arrivé, l'empereur assembla les états à Aix, auxquels ayant remontré que son âge et son infirmité requéraient du soulagement et de l'aide à supporter le poids des affaires, *il leur demanda à tous, depuis le plus grand jusqu'au plus petit*, s'ils trouvaient bon qu'il donnât le titre d'empereur à son fils là présent. Ils répondirent tous d'une commune voix que cet avis venait de Dieu ; et lors il déclara Louis empereur, et

Bernard, son petit-fils, lors absent, roi d'I-
talie. La cérémonie du couronnement fut
telle : l'empereur, orné de ses habits impé
riaux, et la couronne sur la tête, vint, sou-
tenu de son fils, en l'église d'Aix, où, mar-
chant jusqu'au grand autel, il fit mettre
dessus une autre couronne; et, après que
lui et son fils eurent long-temps prié Dieu,
il lui remontra devant toute l'assemblée
quels étaient les devoirs d'un bon prince :
l'amour et la crainte de Dieu, la piété pour
les choses sacrées, *l'affection envers les
princes et princesses de son sang*, le respect envers les prélats, la tendresse à l'endroit de ses sujets, la force contre les or-
gueilleux, la sévérité contre les méchants,
et l'équité pour tous; avec cela, un soin très
exact à n'admettre dans son cabinet que des
conseillers désintéressés, comme dans ses
finances et dans la justice que des ministres sans avarice et sans corruption. Cette
remontrance achevée, il demanda à son fils
s'il n'était pas prêt à lui obéir. A quoi Louis

ayant répondu que oui, avec l'aide de Dieu,
il lui dit en terminant :

« Fils cher à Dieu, à ton père et à ce
» peuple, toi que Dieu m'a laissé pour ma
» consolation, tu le vois, mon âge se hâte;
» ma vieillesse même m'échappe; le temps
» de ma mort approche... Le pays de France
» m'a vu naître. Christ m'a accordé cet
» honneur ; Christ me permit de posséder
» le royaume paternel : je les ai gardés non
» moins florissants que je ne les ai reçus;
» le premier d'entre les Francs j'ai obtenu
» le nom de César, et transporté à la race
» des Francs l'empire de la race de Romu-
» lus. Reçois ma couronne, ô mon fils,
» Christ consentant, et avec elle les mar-
» ques de la puissance... » (1)

« Charlemagne annonçant que son temps
est fini, dit M. de Chateaubriand (2), que la
vieillesse même lui échappe, ce sont de

____

(1) *Ermold. Nigel.*
(2) *Études historiques.*

belles scènes qui attendent le peintre futur de notre histoire. Les dernières paroles d'un père de famille, au milieu de ses enfants, ont quelque chose de triste et de solennel : le genre humain est la famille d'un grand homme, et c'est elle qui l'entoure à son lit de mort. »

CONCLUSION.

De tout ce qui précède ne doit-on pas conclure que :

Louis-Philippe a excité l'étonnement universel 1° en glorifiant l'ancienne monarchie française, puisqu'il s'en est séparé en acceptant la déclaration du 7 août 1830 ; 2° en recommandant l'étude de notre histoire aux jeunes élèves réunis à Versailles, quand cette étude est la condamnation du système ministériel sous lequel nous avons

le malheur de vivre ; car, sous Charlemagne, notamment, c'est-à-dire il y a tout
juste dix siècles, la France était beaucoup
plus libéralement gouvernée qu'elle ne
l'est de nos jours :

Sous Charlemagne, le roi, ayant trouvé la
nation privée des droits et priviléges dont
elle avait joui précédemment, au lieu de ci-
menter ses chaînes par des lois despotiques
et odieuses, s'empressa de lui *restituer* toutes ses prérogatives, et même d'y en ajou-
ter de nouvelles. — Aujourd'hui, les ministres de Louis-Philippe sont convaincus que
les Français ont été plus véritablement libres autrefois qu'à notre époque, et au lieu
d'imiter Charlemagne en étendant leurs
droits, ils n'écoutent que leur intérêt personnel, et nous asservissent chaque jour
davantage ;

Sous Charlemagne, *tous les Français*
étaient appelés, chaque année, souvent
même deux fois par an, soit dans l'assemblée générale, soit dans l'assemblée provin-

ciale, à faire ou à accepter les lois, auxquelles ils devaient tous obéissance, puisqu'ils étaient eux-mêmes leurs législateurs. — Aujourd'hui 450 députés, nommés par 80 mille électeurs (1), exploitent la France à leur profit sans le consentement de la majorité d'icelle;

Charlemagne aimait, honorait et faisait respecter la religion de Jésus-Christ. — Aujourd'hui les ministres de Louis-Philippe proclament l'indifférence pour tous les cultes, paient les blasphémateurs du Christ, sanctionnent le pillage et la dévastation des églises (2), et osent traduire en lois des

(1) Il y a bien 190 mille électeurs inscrits, mais il y en a tout au plus 80 mille qui votent, tant à cause du serment qu'à cause du déplacement où ils sont obligés pour aller au chef-lieu d'arrondissement, ce qui occasionne un dérangement et des dépenses évitables en votant par communes.

(2) Les ministres de la révolution de juillet n'ont pas fait arrêter et juger les dévastateurs de Saint-Germain-l'Auxerrois, de Saint-Paul et de l'Archevêché, que la loi

confiscations d'autant plus monstrueuses, qu'elles ont été consommées par les mains d'une populace aveugle;

Sous Charlemagne, les fonctionnaires de l'état étaient dotés en domaines enlevés par la conquête au fisc romain et ne coûtaient rien aux particuliers. — Aujourd'hui, nous payons des impôts écrasants, et nous donnons également et sept années de notre temps pour le service militaire, et plusieurs journées de corvées, tant pour le service de la garde nationale que pour raccommoder les chemins, etc., etc.;

Sous Charlemagne, le roi, tout-puissant, ne voulut pas centraliser le pouvoir, et il envoya des représentants dans chaque pro-

atteignait pourtant dans son article 256, ainsi conçu : «Quiconque aura détruit, abattu, mutilé ou dégradé, des monuments, statues, ou autres objets destinés à l'utilité ou à la décoration publiques, et élevés par l'autorité publique ou avec son autorisation, sera puni d'un emprisonnement d'un mois à deux ans, et d'une amende de 100 francs à 500 francs. »

vince ; ces représentants devaient eux-mêmes rendre compte à l'assemblée générale de la nation de tout ce qui était arrivé d'important dans la province, après avoir toutefois pris l'avis de l'assemblée provinciale convoquée à cet effet. — Aujourd'hui, au contraire, les ministres centralisent de plus en plus le pouvoir, et ne rendent compte à personne de la tyrannie qu'ils exercent dans les provinces, répondant avec effronterie à ceux qui l'attaquent : « Oui, c'est vrai, nous avons violé » la loi : eh bien! mettez-nous en accu- » sation!... » (1) (Ils parlent devant une assemblée composée en grande partie de fonctionnaires salariés !...)

. Charlemagne ne voulait pour fonctionnaires que des hommes probes, désinté-

(1) Paroles de M. Thiers à la tribune de la chambre élective, dans la discussion sur la mise en liberté de MADAME, duchesse de Berri, et sur la pension à accorder à M. de Vançay (1836).

ressés et inaccessibles aux présents. — Aujourd'hui, la presse et les tribunaux retentissent presque incessamment de pots-de-vin et d'orgies ministérielles ; ministres , fonctionnaires et généraux trafiquent et font le commerce et la banque dans les hautes régions du pouvoir;

Charlemagne ne vivait que du revenu de ses domaines. — Aujourd'hui, le chef de l'état possède des domaines, et une liste civile énorme et incompatible avec *la meilleure des républiques* . (1), et surtout avec les promesses d'un gouvernement à bon marché;

Enfin, et nous ne saurions trop le répéter : sous Charlemagne, chaque membre de la société française avait le droit d'aller aux assemblées générales ou provinciales, pour y consentir les faibles impôts qu'il payait,

---

(1) Voir les *Lettres sur la Liste Civile,* par M. de Cormenin ; elles sont concluantes et logiques : aussi ont-elles obtenu vingt-deux éditions.

et les lois auxquelles il était soumis. — Aujourd'hui, ce droit appartient exclusivement aux Français qui paient 500 fr. de contributions directes ; tous les autres sont considérés comme des esclaves *taillables* et *corvéables* à merci, et exploités comme tels.

De pareils faits dispensent, je crois, de tout autre commentaire, et je suis heureux d'espérer que cette lettre aura fait ressortir jusqu'à l'évidence la position toute française, toute nationale, des Royalistes, qui demandent que la France soit aussi libéralement gouvernée et aussi paternellement administrée au dix-neuvième siècle qu'elle l'était au neuvième, sous Charlemagne, bien que déjà ce grand roi n'ait fait que *restituer* aux Français des droits et priviléges qu'ils tiennent de Dieu lui-même, et que la mort seule peut leur enlever.

www.ingramcontent.com/pod-product-compliance
Lightning Source LLC
Chambersburg PA
CBHW051630060726
47597CB00004B/1519